SPÉCIMEN

DES PRINCIPAUX

CARACTÈRES

DE

L'IMPRIMERIE BADOUREAU

PONSOT Successeur

17, RUE BOUCHARDON

PARIS 1875

SPÉCIMEN

DES PRINCIPAUX

CARACTÈRES

DE

L'IMPRIMERIE BADOUREAU

PONSOT Successeur

17, RUE BOUCHARDON

PARIS 1875

17, RUE BOUCHARDON, 17

→ PARIS ←

IMPRIMERIE BADOUREAU
Ponsot Successeur

Caractères Ordinaires par Corps

Romain. — Corps 5.

La grande pesanteur spécifique de l'or s'est opposée à ce que ses parcelles fussent entraînées aussi loin que les autres minéraux avec lesquels il était mélangé, et son inaltérabilité par la plupart des agents chimiques l'a conservé à l'état de paillettes. Les alluvions qui contiennent l'or sont principalement disposées dans des vallées ouvertes, au milieu de montagnes primitives dans lesquelles on a trouvé quelquefois les parcelles d'or en place. Les principaux gisements de sables aurifères se trouvent au Brésil, au Mexique, au Chili, en Afrique, dans les monts Oural et Altaï, en Sibérie; enfin, en Californie et en Australie, où l'on a découvert récemment des sables aurifères beaucoup plus riches que les gisements connus jusqu'alors. La quantité d'or que l'on en extrait annuellement s'élève à une valeur de plus de 300 millions de francs. L'or se trouve ordinairement dans les sables, sous la forme de paillettes ou de grains informes et arrondis. Lorsque ces grains ont un volume un peu considérable, on leur donne le nom de pépites. Il n'est pas rare de trouver des grains de la grosseur d'une noisette; on a trouvé quelquefois des pépites du poids de plusieurs kilogrammes; on a même trouvé dans l'Oural une pépite qui pesait trente-six kilogrammes. Il existe de l'or en paillettes dans les sables charriés par toutes les rivières qui sortent des terrains primitifs ou qui roulent leurs eaux sur une grande étendue de ces terrains. En France, on connaît plusieurs de ces alluvions aurifères. On a trouvé de l'or dans les alluvions de l'Ariége, dans les Pyrénées; du Gardon, dans les Cévennes; de la Garonne; du Rhin, près de Strasbourg. L'or y est en trop petite quantité pour qu'on puisse établir des exploitations régulières; mais les habitants se livrent souvent à l'extraction de l'or, quand ils n'ont pas d'autres travaux; on leur donne le nom d'orpailleurs. Les paillettes d'or disséminées dans les sables de rivière sont ordinairement d'une ténuité extrême; il en faut souvent plus de vingt pour faire un milligramme. En Sibérie, on regarde comme non exploitables avec avantage les sables qui ne contiennent que 0,000,001 d'or. Les sables du Rhin ne renferment moyennement que 1/3 de cette quantité. L'or existe aussi, combiné avec le tellure, dans certaines mines de la Transylvanie. On trouve, au Brésil, un alliage d'or, d'argent et de palladium, sous forme de petits grains cristallins. On lui donne le nom d'auropoudre. Enfin, il n'existe pas de pyrites en filons dans les terrains primitifs qui ne renferment une petite quantité d'or, et souvent cette quantité est assez considérable pour qu'on puisse l'extraire avec avantage. Lorsque l'or existe dans des filons qui

IMPRIMERIE TYPOGRAPHIQUE ET LITHOGRAPHIQUE   1234567890

IMPRIMERIE TYPOGRAPHIQUE ET LITHOGRAPHIQUE

ITALIQUE

La grande pesanteur spécifique de l'or s'est opposée à ce que ses parcelles fussent entraînées aussi loin que les autres minéraux avec lesquels il était mélangé, et son inaltérabilité par la plupart des agents chimiques l'a conservé à l'état de paillettes. Les alluvions qui contiennent l'or sont principalement disposées dans des vallées ouvertes, au milieu de montagnes primitives dans lesquelles on a trouvé quelquefois les parcelles d'or en place. Les principaux gisements de sables aurifères se trouvent au Brésil, au Mexique, au Chili, en Afrique, dans les monts Oural et Altaï, en Sibérie; enfin, en Californie et en Australie, où l'on a découvert récemment des sables aurifères beaucoup plus riches que les gisements connus jusqu'alors. La quantité d'or que l'on en extrait annuellement s'élève à une valeur de plus

17, Rue Bouchardon, 17

PARIS

IMPRIMERIE BADOUREAU

PONSOT Successeur

Caractères Ordinaires par Corps

Romain. — Corps 6.

Si l'imprimerie sert quelquefois à répandre de mauvaises doctrines ou des récits mensongers, parce que tout ce qui est humain est sujet à l'erreur, il faut cependant reconnaître qu'elle est, après le Christianisme, le principal instrument de la civilisation moderne. Tandis que les préceptes de l'Évangile disposent le cœur aux inspirations de la véritable fraternité, tandis que ses dogmes élèvent l'âme en lui révélant ses destinées immortelles, la propagation des sciences, des lettres et des arts, due aux merveilleux progrès de l'invention de **Gutenberg** fortifie les intelligences, agrandit les facultés de l'esprit, ouvre à l'activité humaine des horizons infinis, et nous rapproche de Dieu en développant chez chacun de nous le sentiment et la connaissance du vrai, du juste et du beau. Si l'**imprimerie** sert quelquefois à répandre de mauvaises doctrines ou des récits mensongers, parce que tout ce qui est humain est sujet à l'erreur, il faut cependant reconnaître qu'elle est, après le Christianisme, le principal instrument de la civilisation moderne. Tandis que les préceptes de l'Évangile disposent le cœur aux inspirations de la véritable fraternité, tandis que ses dogmes lèvent l'âme en lui révélant ses destinées immortelles, la propagation des sciences, des lettres et des arts, due aux merveilleux progrès de l'invention de Gutenberg fortifie les intelligences, agrandit les facultés de l'esprit, ouvre à l'activité humaine des horizons infini, et nous rapproche de Dieu en développant chez chacun de nous le sentiment et la connaissance du vrai, du juste et du beau. Si l'imprimerie sert quelquefois à répandre de mauvaises doctrines ou des récits mensongers, parce que tout ce qui est humain est sujet à l'erreur, il faut cependant reconnaître qu'elle est, après le Christianisme, le principal instrument de

IMPRIMERIE TYPOGRAPHIQUE — 1234567890

Roman d'un jeune homme — Marines marchandes — Administration romaine

ITALIQUE

Si l'imprimerie sert quelquefois à répandre de mauvaises doctrines ou des récits mensongers, parce que tout ce qui est humain est sujet à l'erreur, il faut cependant reconnaître qu'elle est, après le Christianisme, le principal instrument de la civilisation moderne. Tandis que les préceptes de l'Évangile disposent le cœur aux inspirations de la véritable fraternité, tandis que ses dogmes élèvent l'âme en lui révélant ses destinées immortelles, la propagation des sciences, des lettres et des arts, due aux merveilleux progrès de l'invention de Gutenberg fortifie les intelligences, agrandit les facultés de l'esprit, ouvre à

17, Rue Bouchardon 17, PARIS

IMPRIMERIE BADOUREAU
PONSOT Successeur

Caractères Ordinaires par Corps

Romain. — Corps 7.

Si l'imprimerie sert quelquefois à répandre de mauvaises doctrines ou des récits mensongers, parce que tout ce qui est humain est sujet à l'erreur, il faut cependant reconnaître qu'elle est, après le Christianisme, le principal instrument de la civilisation moderne. Tandis que les préceptes de l'Évangile disposent le cœur aux inspirations de la véritable fraternité, tandis que ses dogmes élèvent l'âme en lui révélant ses destinées immortelles, la propagation des sciences, des lettres et des arts, due aux merveilleux progrès de l'invention de **Gutenberg** fortifie les intelligences, agrandit les facultés de l'esprit, ouvre à l'activité humaine des horizons infinis, et nous rapproche de Dieu en développant chez chacun de nous le sentiment de la connaissance du vrai, du juste et du beau. Si **l'Imprimerie** sert quelquefois à répandre de mauvaises doctrines ou des récits mensongers, parce que tout ce qui est humain est sujet à l'erreur, il faut cependant reconnaître qu'elle est, après le Christianisme, le principal instrument de la civilisation moderne. Tandis que les préceptes de l'Évangile disposent le cœur aux véritables principes de la fraternité, tandis que ses dogmes élèvent l'âme en lui révélant ses destinées immortelles, la propagation des sciences, des lettres et des arts, due aux merveilleux progrès de l'invention de Gutenberg fortifie les intelligences, agrandit les facultés de l'esprit, ouvre à l'activité

IMPRIMERIE LITHOGRAPHIQUE — 1234567890

Panthéon — Lafontaine — Marine marchande — Finance

ITALIQUE

Si l'imprimerie sert quelquefois à répandre de mauvaises doctrines ou des récits mensongers, parce que tout ce qui est humain est sujet à l'erreur, il faut cependant reconnaître qu'elle est, après le Christianisme, le principal instrument de la civilisation moderne. Tandis que les préceptes de l'Évangile disposent le cœur aux inspirations de la véritable fraternité, tandis que ses dogmes élèvent l'âme en lui révélant ses destinées immortelles, la propaga-

17, Rue Bouchardon, 17

PARIS

IMPRIMERIE BADOUREAU
PONSOT Successeur

Caractères Ordinaires par Corps

Romain. — Corps 8.

Si l'imprimerie sert quelquefois à répandre de mauvaises doctrines ou des récits mensongers, parce que tout ce qui est humain est sujet à l'erreur, il faut cependant reconnaître qu'elle est, après le Christianisme, le principal instrument de la civilisation moderne. Tandis que les préceptes de l'Évangile disposent le cœur aux véritables principes de la fraternité, tandis que ses dogmes élèvent l'âme en lui révélant ses destinées immortelles, la propagation des sciences, des lettres et des arts, due aux merveilleux progrès de l'invention de **Gutenberg** fortifie les intelligences, agrandit les facultés de l'esprit, ouvre à l'activité humaine des horizons infinis, et nous rapproche de Dieu en développant chez chacun de nous le sentiment et la connaissance du vrai, du juste et du beau. Si **l'imprimerie** sert quelquefois à répandre de mauvaises doctrines ou des récits mensongers, parce que tout ce qui est humain est sujet à l'erreur, il faut cependant reconnaître qu'elle est, après le Christianisme, le prin-

IMPRIMERIE TYPOGRAPHIQUE — .1234567890

BÉRANGER, CHANSONNIER — NAVIGATION AÉRIENNE

ITALIQUE

Si l'imprimerie sert quelquefois à répandre de mauvaises doctrines ou des récits mensongers, parce que tout ce qui est humain est sujet à l'erreur, il faut cependant reconnaître qu'elle est, après le Christianisme, le principal instrument de la civilisation moderne. Tandis que les préceptes de l'Évangile disposent le cœur aux inspirations de la véritable fraternité, tandis que ses dogmes élèvent l'âme en lui révélant ses desti-

17, Rue Bouchardon, 17
— PARIS —

IMPRIMERIE BADOUREAU
PONSOT Successeur

Caractères Ordinaires par Corps

Romain — Corps 12.

Si l'on considère tout ce que l'art de l'imprimerie a déjà produit de révolutions sur le globe, les progrès qu'il a fait faire à l'humanité, et peut être aussi les erreurs qu'il contribue à répandre, on ne peut s'empêcher de reconnaître qu'il est, sinon le premier, au moins le plus puissant des arts. Mais nous n'avons à nous occuper ici, ni de l'influence morale, ni des conséquences **politiques** ni même l'histoire raisonnée de l'Imprimerie; nous réservons pour les mots *Presse* et **Typographie** pris dans un sens plus général et bien plus

ANGLO-FRANÇAIS — 1234567890

Embellissements de Paris, première Capitale

ITALIQUE

Si l'on considère tout ce que l'art de l'imprimerie a déjà produit de révolutions sur le globe, les progrès qu'il a fait faire à l'humanité et peut être aussi les erreurs qu'il contribue à répandre, on ne peut s'empêcher de

17, RUE BOUCHARDON, 17

→ PARIS ←

IMPRIMERIE BADOUREAU
PONSOT Successeur

Caractères Ordinaires par Corps

Romain. — Corps 11.

Si l'imprimerie sert quelquefois à répandre de mauvaises doctrines ou des récits mensongers, parce que tout ce qui est humain est sujet à l'erreur, il faut cependant reconnaître qu'elle est, après· le Christianisme, le principal instrument de la civilisation moderne. Tandis que les préceptes de l'Évangile disposent le cœur aux inspirations de la véritable fraternité, tandis que ses dogmes élèvent l'âme en lui révélant ses destinées immortelles, la propagation des sciences, des lettres et des arts, due aux merveilleux progrès de l'invention de **Gutenberg** fortifie les intelligences, agrandit les facultés de l'esprit, ouvre

IMPRIMERIE TYPOGRAPHIQUE — 1234567890

MONUMENTALES — PANTHÉON — MARJOLAINE

ITALIQUE

Si l'imprimerie sert quelquefois à répandre de mauvaises doctrines ou des récits mensongers, parce que tout ce qui est humain est sujet à l'erreur, il faut cependant reconnaître qu'elle est, après le Christianisme, le principal instrument de la civilisation moderne. Tandis que les préceptes de l'Évangile dis-

17, Rue Bouchardon, 17, PARIS

Imprimerie Badoureau
PONSOT Successeur

Caractères Ordinaires par Corps

Romain. — Corps 9.

Si l'imprimerie sert quelquefois à répandre de mauvaises doctrines ou des récits mensongers, parce que tout ce qui est humain est sujet à l'erreur, il faut cependant reconnaître qu'elle est, après le Christianisme, le principal instrument de la civilisation moderne. Tandis que les préceptes de l'Évangile disposent le cœur aux véritables principes de la fraternité, tandis que ses dogmes élèvent l'âme en lui révélant ses destinées immortelles, la propagation des sciences, des lettres et des arts, due aux merveilleux progrès de l'invention de **Gutenberg** fortifie les intelligences, agrandit les facultés de l'esprit, ouvre à l'activité humaine des horizons infinis, et nous rapproche de Dieu en développant chez chacun de nous le sentiment et la connaissance du vrai, du juste et du beau. Si **l'imprimerie** sert quelquefois à répandre de mauvaises

CHROMO-LITHOGRAPHIE — 1234567890

Delavigne et Marmontel — Chateaubriand

ITALIQUE

Si l'imprimerie sert quelquefois à répandre de mauvaises doctrines ou des récits mensongers, parce que tout ce qui est humain est sujet à l'erreur, il faut cependant reconnaître qu'elle est, après le Christianisme, le principal instrument de la civilisation moderne. Tandis que les préceptes de l'Évangile disposent le cœur aux inspirations de la véritable fraternité, tandis que ses dogmes élèvent

17, RUE BOUCHARDON, 17

PARIS

IMPRIMERIE BADOUREAU
Ponsot Successeur

Caractères Ordinaires par Corps

Romain. — Corps 11.

Si l'imprimerie sert quelquefois à répandre de mauvaises doctrines ou des récits mensongers, parce que tout ce qui est humain est sujet à l'erreur, il faut cependant reconnaître qu'elle est, après le Christianisme, le principal instrument de la civilisation moderne. Tandis que les préceptes de l'Évangile disposent le cœur aux inspirations de la véritable fraternité, tandis que ses dogmes élèvent l'âme en lui révélant ses destinées immortelles, la propagation des sciences, des lettres et des arts, due aux merveilleux progrès de l'invention de Gutenberg fortifie les

TYPOGRAPHIE — 1234567890

17, RUE BOUCHARDON, 17

PARIS

IMPRIMERIE BADOUREAU

PONSOT Successeur

Caractères Ordinaires par Corps

Romain. — Corps 10.

Si l'imprimerie sert quelquefois à répandre de mauvaises doctrines ou des récits mensongers, parce que tout ce qui est humain est sujet à l'erreur, il faut cependant reconnaître qu'elle est, après le Christianisme, le principal instrument de la civilisation moderne. Tandis les préceptes de l'Évangile disposent le cœur aux inspirations de la véritable fraternité, tandis que ses dogmes élèvent l'âme en lui révélant ses destinées immortelles, la propagation des sciences,

LITHOGRAPHIE   1234567890

17, RUE BOUCHARDON, 17
PARIS

IMPRIMERIE BADOUREAU
PONSOT, Successeur

Caractères Elzéviriens par Corps

Romain. — Corps 8.

L'introduction de la Clicherie & des Machines dans l'Imprimerie nécessite l'emploi de Caractères de beaucoup de résistance. Les coups de brosse & le foulage rotatif des cylindres attaquent les traits maigres du haut & du bas des lettres, les fausse, les éraille & les brise souvent au premier choc. Ces Caractères sont construits de façon à éviter d'aussi déplorables résultats, et leur ensemble est combiné de manière a présenter partout des points de résistance a la pression cylindrique. Le moulage en est très-fascile, et les clichés auront aussi une plus grande résistance puisqu'ils sont la reproduction exacte des lettres. L'impression des journaux sur des machines en grande vitesse se fera très-nettement avec l'emploi de ces types classiques, si recherchés pour la fascilité de la lecture, & les pasges des journaux ou des volumes seront convenablement teintées, ces Caractères n'estant ni trop gras ni trop maigres. L'introduction de la Clicherie & des Machines dans l'Imprimerie nécessite l'emploi de Caractères de beaucoup de résistance. Les coups de brosse & le foulage rotatif des cylindres attaquent les traits maigres du haut & du bas des lettres, les fausse, les éraille & les brise souvent au premier choc. Ces Caractères sont construits de façon a éviter d'aussi déplorables résultats, et leur ensemble est combiné de manière a présenter partout des

IMPRIMERIE TYPOGRAPHIQUE 1234567890

EMBELLISSEMENTS DE PARIS, PREMIÈRE CAPITALE DU MONDE ANCIEN

ITALIQUE

Astrée pour interrompre les tristes paroles de Diane : Mais, belle Bergère, luy dit-elle, qui estoit ce misérable qui fut cause d'un si grand désastre? Hélas, dit Diane, que voulez-vous que je vous en die? C'estoit un ennemy qui n'estoit au monde que pour estre cause de mes éternelles larmes. Mais encore, respondit Astrée, ne sceut-on jamais quel homme c'estoit? On nous dit, répliqua-t-elle, quelque temps apres, qu'il venoit de certains païs barbares.

17, RUE BOUCHARDON, 17
PARIS

IMPRIMERIE BADOUREAU
PONSOT, Successeur

Caractères Elzéviriens par Corps
Romain. — Corps 10.

L'introduction de la Clicherie & des Machines dans l'Imprimerie nécessite l'emploi de Caractères de beaucoup de résistance. Les coups de brosse & le foulage rotatif des cylindres attaquent les traits maigres du haut & du bas des lettres, les faussent, les éraillent & les brisent souvent au premier choc. Ces caractères sont construits de façon à éviter d'aussi déplorables résultats, et leur ensemble est combiné de manière a présenter partout des poinctf de résistance à la pression cylindrique. Le moulage en est très-facile, et les clichés auront aussi une plus grande résistance puisqu'ils sont la reproduction exacte des lettres. L'impression des journaux sur des machines en grande vitesse se fera très-nettement avec l'emploi de ces types classiques, si recherchés pour la facilité de la lecture, & les pasges

IMPRIMERIE LITHOGRAPIQUE   1234567890

HISTOIRE DE L'ASSEMBLÉE CONSTITUANTE, PAR LAMARTINE

ITALIQUE

Astrée pour interrompre les tristes paroles de Diane : Mais, belle Bergère, luy dit-elle, qui estoit ce misérable qui fut cause d'un si grand désastre? Hélas, dit Diane, que voulez-vous que je vous en die? C'estoit un ennemy qui n'estoit au monde que pour estre cause de mes éternelles larmes. Mais encore, respondit Astrée, ne sçeut-on

17, RUE BOUCHARDON, 17
PARIS

IMPRIMERIE BADOUREAU
PONSOT, Successeur

Caractères Elzéviriens par Corps

Romain. — Corps 12

L'introduction de la Clicherie & des Machines dans l'Imprimerie néceffite l'emploi de Caractères de beaucoup de réfiftance. Les coups de broffe & le foulage rotatif des cylindres attaquent les traits maigres du haut et du bas des lettres, les fauffe, les éraille & les brife souvent au premier choc. Ces caractères font conftruits de façon à éviter d'auffi déplorables réfultats, et leur enfemble eft combiné de manière a préfenter partout des poinctf de réfiftance à la pression cylindrique. Le moulage en eft très-faſcile, et les clichés auront auffi une plus grande

CHROMO-LITHOGRAPHIE 1234567890

HISTOIRE DE LA GUYANNE FRANÇAISE

ITALIQUE

Aftrée pour interrompre les trifles paroles de Diane : Mais, belle Bergère, luy dit-elle, qui eftoit ce miſérable qui fut cauſe d'un ſi grand déſaſtre? Hélas, dit Diane, que voulez-vous que je vous en die? C'eftoit un ennemy qui n'eftoit au monde que pour eftre cauſe de mes éternelles

17, Rue Bouchardon 17, PARIS

IMPRIMERIE BADOUREAU

PONSOT Successeur

Caractères Égyptiens par Corps

Egyptiennes. — Corps 6.

Au seizième siècle, dans cet âge fortuné où l'Espagne, après la découverte de l'Amérique, se vantait d'être assez riche pour payer

Egyptiennes. — Corps 7.

Au seizième siècle, dans cet âge fortuné où l'Espagne, après la découverte de l'Amérique, se vantait d'être assez riche pour payer

Egyptiennes. — Corps 8.

Au seizième siècle, dans cet âge fortuné où l'Espagne, après la découverte de l'Amérique, se vantait d'être assez

Egyptiennes. — Corps 9.

Au seizième siècle, dans cet âge fortuné où l'Espagne, après la découverte de l'Amérique, se vantait

Egyptiennes. — Corps 11.

Au seizième siècle, dans cet âge fortuné où l'Espagne, après la découverte de l'Amérique,

Egyptiennes. — Corps 12.

Au seizième siècle, dans cet âge fortuné où l'Espagne, après la découverte de l'Amé-

17, Rue Bouchardon, 17

PARIS

IMPRIMERIE BADOUREAU

PONSOT Successeur

CARACTÈRES COMPACTES

Compactes maigres. — Corps 8.

Au seizième siècle, dans cet âge fortuné où l'Espagne, après la découverte de l'Amérique, se vantait d'être assez riche pour payer le monde, l'or abonda, sans doute, en Espagne, et put s'éparpiller un peu

IMPRIMERIE & LITHOGRAPHIE PONSOT

Compactes maigres. — Corps 11.

Au seizième siècle, dans cet âge fortuné où l'Espagne, après la découverte de l'Amérique, se vantait d'être assez riche pour payer le monde, l'or abonda,

CHROMO-LITHOGRAPHIE

Compactes. — Corps 18.

Au seizième siècle, dans cet âge fortuné où l'Espagne, après la découverte de l'Amérique, se vantait

CHROMO-TYPOGRAPHIE

17, RUE BOUCHARDON, 17, PARIS

IMPRIMERIE BADOUREAU

PONSOT Successeur

CARACTÈRES AMPLES

Amples. — Corps 7.

Au seizième siècle, dans cet âge fortuné où l'Espagne, après la découverte de l'Amérique, se vantait d'être assez riche pour payer le
IMPRIMERIE TYPOGRAPHIQUE

Amples. — Corps 9.

Au seizième siècle, dans cet âge fortuné où l'Espagne, après la découverte de l'Amérique, se vantait d'être assez
IMPRIMERIE TYPOGRAPHIQUE

Amples. — Corps 12.

Au seizième siècle, dans cet âge fortuné où l'Espagne, après la découverte de l'A-
AMÉRIQUE DU NORD

Amples. — Corps 16.

Au seizième siècle, dans cet âge fortuné où l'Espagne, après la
PHILANTROPIE

17, RUE BOUCHARDON, 17

PARIS

IMPRIMERIE BADOUREAU

PONSOT, Successeur

Lettres allongées

Allongées. — C. 12.

Au seizième siècle, dans cet âge fortuné où l'Espagne, après la découverte de l'Amérique, se vantait d'être assez riche pour payer le monde, l'or abonda, sans doute, en Espagne, et put s'éparpiller un peu sur le continent

IMPRIMERIE TYPOGRAPHIQUE ET LITHOGRAPHIQUE   1234567890

Allongées. — Corps 16.

Au seizième siècle, dans cet âge fortuné où l'Espagne, après la découverte de l'Amérique, se vantait d'être assez riche pour payer le monde, l'or abonda, sans doute, en Es-

CONSERVATOIRE NATIONAL DE MUSIQUE   1234567890

Allongées. — Corps 24.

Au seizième siècle, dans cet âge fortuné où l'Espagne, après la découverte de l'Amérique, se vantait d'être assez riche pour payer le monde,

TYPOGRAPHIE   1234567890

17, Rue Bouchardon, 17

PARIS

IMPRIMERIE BADOUREAU

PONSOT Successeur

Caractères effilés.

Effilés. — Corps 20.

Au seizième siècle, dans cet âge fortuné où l'Espagne, après la découverte de l'Amérique, se vantait d'être assez riche pour payer le monde, l'or abonda, sans doute, en Espagne, et put s'éparpiller un peu sur le continent eu-

Effilés. — Corps 40.

Au seizième siècle, dans cet âge fortuné où l'Espagne, après la découverte de l'Amérique, se

17, Rue Bouchardon, 17

~ PARIS ~

IMPRIMERIE BADOUREAU

PONSOT Successeur

Antiques carrées.

Antiques. — Corps 5.
GÉOGRAPHIE ANCIENNE ET MODERNE CONTENANT CE QU'IL FAUT CONNAITRE

Antiques. — Corps 6.
IMPRIMERIE BADOUREAU, PONSOT SUCCESSEUR.

Antiques. — Corps 7.
HISTOIRE DE L'ASSEMBLÉE CONSTITUANTE, LAMARTINE

Antiques. — Corps 9.
LITHOGRAPHIE TYPOGRAPHIE

Antiques. — Corps 16.
GUYANNNE FRANÇAISE

Antiques. — Corps 24.
LITHOGRAPHIE

Antiques. — Corps 36.
VÉGÉTALE

Antiques. — Corps 44.
HISTOIRE

17, RUE BOUCHARDON, 17

PARIS

IMPRIMERIE BADOUREAU

PONSOT Successeur

Antiques allongées

Antiques allongées. — Corps 5.

L'IMPRIMERIE BADOUREAU PEUT FAIRE LES PLUS GRANDS SACRIFICES POUR SATISFAIRE LES BESOINS DE SES CLIENTS

Antiques allongées. — Corps 8.

COURS DE COMPTABILITÉ PRATIQUE A L'USAGE DU PETIT COMMERCE, CONTENANT LES NOUVELLES

Antiques allongées. — Corps 12.

SPÉCIALITÉ D'ÉCHELLES DE PROPORTION DE TOUTES DIVISIONS

Antiques allongées. — Corps 24.

EXPOSITION INTERNATIONALE DE 1875

Antiques allongées. — Corps 32.

EMPRUNT DE LA VILLE DE PARIS

Antiques allongées. — Corps 56.

TRAIN DE PLAISIR

17, RUE BOUCHARDON, 17
PARIS

IMPRIMERIE BADOUREAU

PONSOT, Successeur

Antiques allongées.

Antiques allongées. — Corps 6.
TANNERIE DES PLUS IMPORTANTES DE FRANCE DE MONSIEUR DAVID PELTREAU, MANUFACTURIER DE CUIRS

Antiques allongées. — Corps 9.
TYPOGRAPHIE, LITHOGRAPHIE, GRAVURE, TAILLE-DOUCE, STÉRÉOTYPIE, GALVANOPLASTIE

Antiques allongées. — Corps 18.
NOUVELLE ÉDITION DES MILLE ET UNE NUITS PAR GIL

Antiques allongées. — Corps 28.
VENTE EN GROS ET EN DÉTAIL

Antiques allongées. — Corps 36.
EXPOSITION HORTICOLE

Antiques allongées. — Corps 48.
PARFUMERIE NINON

17, RUE BOUCHARDON, 17, PARIS

IMPRIMERIE BADOUREAU

PONSOT Successeur

ANGLAISES ALLONGÉES

Anglaises allongées. — Corps 12.

EXPOSITION DES TABLEAUX DES GRANDS MAITRES FRANÇAIS

Anglaises allongées. — Corps 18.

DON QUICHOTTE DE LA MANCHE, NOUVELLE ÉDITION

Anglaises allongées. — Corps 24.

TOULOUSE, FORTE & ANCIENNE VILLE

Anglaises allongées. — Corps 30.

COURS DE TRIGONOMÉTRIE PRATIQUE

Anglaises allongées. — Corps 36.

CHROMO-LITHOGRAPHIE GRAVURE

Anglaises allongées. — Corps 48.

DROIT ET LÉGISLATION

17, Rue Bouchardon 17, PARIS

IMPRIMERIE BADOUREAU

PONSOT Successeur

Latines larges.

Latines larges. — Corps 7.
HISTOIRE DE LA GUYANNE FRANÇAISE

Latines larges. — Corps 9.
DES MINES D'OR ET D'ARGENT

Latines larges. — Corps 11.
ADMINISTRATION ROMAINE

Latines larges. — Corps 14.
MAGNÉSIE VÉGÉTALE

Latines larges. — Corps 18.
ENCYCLOPÉDIE

Latines larges. — Corps 22.
RÉVOLUTION

Latines larges. — Corps 28.
ANCIENNE

17, RUE BOUCHARDON, 17

PARIS

IMPRIMERIE BADOUREAU

PONSOT Successeur

Latines maigres et Latines ornées.

Latines maigres, P. C. — Corps 8.
HISTOIRE DE L'ASSEMBLÉE CONSTITUANTE, PAR LAMARTINE

Latines maigres, G. C. — Corps 8.
ROMAN D'UN JEUNE HOMME — ADMINISTRATION

Latines maigres. — Corps 10.
CONTEMPORAIN HAVANE NIAGARA

Latines maigres. — Corps 12.
MÉMORIAL DE SAINTE-HÉLÈNE

Latines maigres. — Corps 18.
MILANAIS MANILLE

Latines maigres. — Corps 22.
CHANSONNIER

Latines ornées. — Corps 18.
MARINE MARCHANDE

Lettres ornées. — Corps 24.
CIVILISATION

17, Rue Bouchardon, 17, PARIS

Imprimerie Badoureau

PONSOT Successeur

Caractères Elzéviriens.

Elzéviriennes italiques. — Corps 8.
LE DÉPARTEMENT DES BOUCHES-DU-RHONE EST BORNÉ

Elzéviriennes italiques. — Corps 10.
LE DÉPARTEMENT DES BOUCHES-DU-RHONE

Elzéviriennes italiques. — Corps 12.
LE DÉPARTEMENT DE SEINE-ET-MARNE

Elzéviriennes P. C. — Corps 8.
LE DÉPARTEMENT DES BOUCHES-DU-RHONE EST BORNÉ AU NORD

Elzéviriennes P. C. — Corps 10.
LE DÉPARTEMENT DES BOUCHES-DU-RHONE EST BORNÉ

Elzéviriennes P. C. — Corps 12.
LE DÉPARTEMENT DES BOUCHES-DU-RHONE EST

Elzéviriennes. — Corps 8.
LE DÉPARTEMENT DES BOUCHES-DU-RHONE EST BORNE

Elzéviriennes. — Corps 10.
LE DÉPARTEMENT DES BOUCHES-DU-RHONE

Elzéviriennes. — Corps 12.
LE DÉPARTEMENT DE SEINE-ET-MARNE

Elzéviriennes. — Corps 16.
IMPRIMERIE TYPOGRAPHIQUE

Elzéviriennes. — Corps 24.
CONSTITUTIONNEL

17, Rue Bouchardon, 17

— PARIS —

IMPRIMERIE BADOUREAU

PONSOT Successeur

Caractères Elzéviriens

Elzéviriennes. — Corps 36.

PANTHÉON

Elzéviriennes. — Corps 44.

PRÉCIEUX

Elzéviriennes. — Corps 56.

CÉCILE

Elzéviriennes. — Corps 72.

PARIS

17, RUE BOUCHARDON, PARIS

IMPRIMERIE BADOUREAU
PONSOT Successeur

ORDINAIRES ALLONGÉES

Ordinaires allongées. — Corps 12.
EMBELLISSEMENTS DE PARIS PREMIÈRE CAPITALE

Ordinaires allongées. — Corps 14.
MÉDAILLES AUX EXPOSITIONS UNIVERSELLES

Ordinaires allongées. — Corps 16.
EMBELLISSEMENTS DE PARIS PREMIÈRE

Ordinaires allongées. — Corps 18.
GRANDS MAGASINS DU BON MARCHÉ

Ordinaires allongées. — Corps 22.
HISTOIRE DE LA GUYANNE

Ordinaires allongées. — Corps 28.
MÉDAILLE D'HONNEUR

Ordinaires allongées. — Corps 40.
CONSTITUTIONNEL

17, Rue Bouchardon, 17

PARIS

IMPRIMERIE BADOUREAU

PONSOT Successeur

ORDINAIRES CARRÉES

Ordinaires. — Corps 12.

L'ENLÈVEMENT DE PROSERPINE PAR PLUTON

Ordinaires. — Corps 14.

LE TOUR DU MONDE EN 80 JOURS

Ordinaires. — Corps 16.

NAUFRAGE DE LA MÉDUSE

Ordinaires. — Corps 20.

JOURNAL AMUSANT

Ordinaires. — Corps 24.

LES VOYAGEURS

Ordinaires. — Corps 28.

AUX MAGASINS

17, Rue Bouchardon, 17

—PARIS—

IMPRIMERIE BADOUREAU

PONSOT, Successeur

Doriques larges et Fantasques

Doriques larges, petit œil. — Corps 5.
LA NUBIE, TRIBUTAIRE DE L'ÉGYPTE, VILLE PRINCIPALE : KHARTOUM

Doriques larges. — Corps 5.
GRANDES LIGNES DE NAVIGATION ET DE TÉLÉGRAPHIE

Doriques larges. — Corps 6.
SUPERFICIE ET POPULATION DU GLOBE

Doriques larges. — Corps 8.
CHEMIN DE FER DE L'OUEST

Fantasques, P. C. — Corps 8.
EMBELLISSEMENTS DE PARIS PREMIÈRE CAPITALE DU MONDE NOUVEAU

Fantasques. — Corps 8.
EMBELLISSEMENTS DE PARIS PREMIÈRE CAPITALE DU MONDE ANCIEN

Fantasques. — Corps 14.
ESPRITS FORTS DEMANDENT DES BIENFAITS

Fantasques. — Corps 22.
HISTOIRE DE NAPOLÉON DEPUIS

17, RUE BOUCHARDON, 17

PARIS

IMPRIMERIE BADOUREAU

PONSOT Successeur

CARACTÈRES DIVERS

Anglaises allongées. — Corps 6.

Les mines d'argent sont formées de couches superposées ; on trouve généralement le bon minerai après avoir passé plusieurs couches en profondeur. Lorsque l'on arrive à l'humidité, et même jusqu'à l'eau, c'est alors que l'on trouve le
ALBUM POUR ÉTRENNES, COSTUMES, SCÈNES HISTORIQUES, PAYSAGES ET MONUMENTS

Anglaises allongées. — Corps 9.

Les mines d'argent sont formées de couches superposées ; on trouve généralement le bon minerai après avoir passé plusieurs couches en profondeur. Lorsque l'on arrive à l'humidité, et même jusqu'à
ALBUM POUR ÉTRENNES, COSTUMES, RÉCITS HISTORIQUES, PAYSAGES

Égyptiennes. — Corps 6.
IMPRIMERIE TYPOGRAPHIQUE DE BADOUREAU

Égyptiennes. — Corps 7.
CHROMO-LITHOGRAPHIE — IMPRESSIONS EN COULEUR

Égyptiennes. — Corps 8.
L'EMPEREUR CHARLES-QUINT FUT VAINQUEUR

Égyptiennes. — Corps 9.
RÉCEPTION DU ROI DE SUÈDE ET NORWÉGE

Égyptiennes. — Corps 11.
JEAN-JACQUES ROUSSEAU, L'AUTEUR

Égyptiennes. — Corps 12.
EMBARQUEMENT DU RÉGENT

Latines grasses. — Corps 12.
PARFUMERIE DES PRINCES BELGES

17, RUE BOUCHARDON, 17

PARIS

IMPRIMERIE BADOUREAU
Ponsot Successeur

CARACTÈRES DIVERS

Allongées Grasses. — Corps 9.

Au seizième siècle, dans cet âge fortuné où l'Espagne, après
IMPRIMERIE TYPOGRAPHIQUE   1234567890

Antiques allongées grasses. — Corps 28.

LE TOUR DU MONDE

Latines étroites. — Corps 10.

PANTHÉON   LAFONTAINE   MARINE   MARCHANDE

Latines étroites. — Corps 16.

MINISTÈRE DES MONUMENTS

Latines étroites. — Corps 24.

ADMINISTRATIFS

Latines étroites. — Corps 40.

ASSEMBLÉE

17, Rue Bouchardon, 17, PARIS

Imprimerie Badoureau
PONSOT Successeur

FILETS ORNÉS

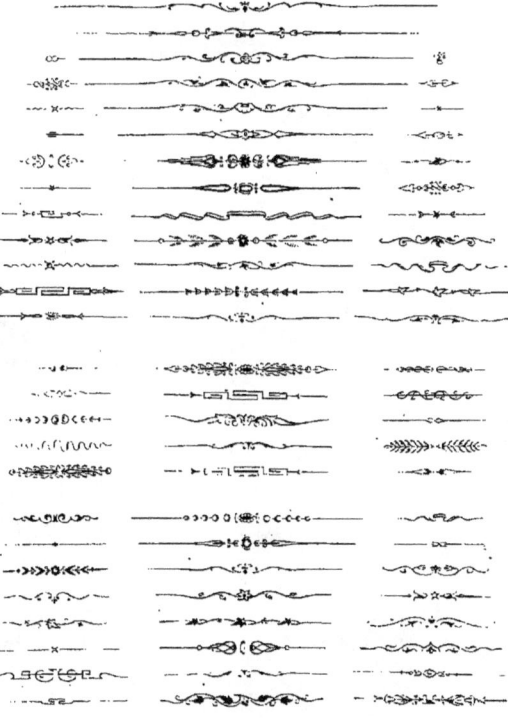

www.ingramcontent.com/pod-product-compliance
Lightning Source LLC
Chambersburg PA
CBHW060551050426
42451CB00011B/1844